DEBUT D'UNE SERIE DE DOCUMENTS
EN COULEUR

BAROU LE BOEUF

Légende historique du Béarn

Prix : 1 fr. 25

PARIS VIᵉ

CHARLES AMAT
Libraire-Editeur
rue Cassette

Si par hasard, tu achètes
mon Béarn, ne le prête à
personne car habituellement
cela empêcherait de le
vendre. —
J'écris sur le dos d'une vieille
lettre — tu vois que se la difficul...
cassé et n'é pas [illegible] la patience

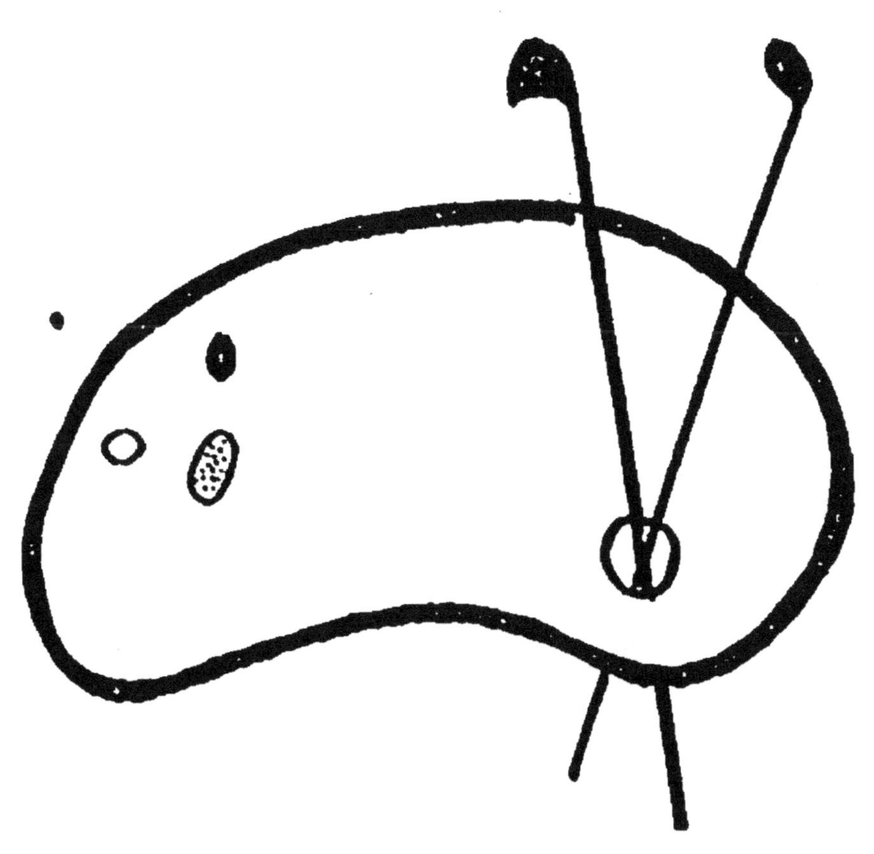

FIN D'UNE SERIE DE DOCUMENTS
EN COULEUR

LÉGENDE HISTORIQUE DU BÉARN

BAROU LE BOEUF

Légende historique du Béarn

PARIS VIe
CHARLES AMAT
Libraire-Editeur
11, rue Cassette
1905

Courte Préface

Chère Amie,

*Votre Légende historique du Béarn est bien
intéressante, je ne m'étonne nullement du
succès qu'elle a déjà obtenu; j'aimerais à la
commenter; le temps me manquant pour le
faire aussi longuement que je le souhaiterais,
je ne veux pas laisser paraître l'édition sans
vous envoyer un mot de vive félicitation qui
lui servira de courte préface.*

A. MÉZIÈRES,

DE L'ACADÉMIE FRANÇAISE.

Légende historique

❧ du Béarn

———

Le Béarn, ce petit pays à l'aspect moyen-âgeux, qui enferme entre ses coteaux si verts, si pleins de charme et de souvenirs, comme des tableautins qu'on serait tenté de mettre dans de vieux cadres ; ce Béarn qui se présente dans le magnifique décor des Pyrénées avec des teintes particulières de bleus pastels et de blanches céruses, avec ses ouates de vertes prairies, avec les chansons de ses gaves sautillants et jaseurs, est-il bien défini dans l'esprit des touristes, tant au point de vue de sa situation géographique qu'au point de vue de sa distinction ethnographique[1] ?

———

[1] V. *Le Béarn et les Basses-Pyrénées*, c. I et II, par A. Planté.

1

La confúsion vient peut-être à l'esprit à cause de ces divers noms : *Béarn et Pays Basque, Basse Navarre.*

L'ancien *Béarn* forme aujourd'hui l'arrondissement de Pau, celui d'Oloron avec la plus grande partie de l'arrondissement d'Orthez, tandis que le nom de Pays Basque est l'appellation générale donnée à trois anciennes provinces fondues aujourd'hui à côté du *Béarn*, dans le département des Basses-Pyrénées.

Ces provinces qui gardent une physionomie très particulière sont :

1° La Soule, voisine d'Oloron ; elle eut Mauléon pour capitale et releva du roi de France ;

2° Le Labourd qui appartint aux ducs de Gascogne et dans lequel se trouvent Saint-Jean-de-Luz et Bayonne.

Enfin la Basse-Navarre, partie du royaume arraché à ses princes par Ferdinand le Catholique.

A cette époque de la conquête, Saint-Palais

devint capitale judiciaire à la place de Pampelune, ancienne capitale de la Navarre.

Jean d'Albret, Catherine de Navarre dépossédés, ne purent se consoler de la perte de cette portion de territoire. Pris par la mort, avant d'avoir recouvré la totalité de leurs biens, ils furent ensevelis dans le royal caveau de Lescars, en attendant que pût être exécutée la clause testamentaire par laquelle ils demandèrent la translation de leurs cendres dans leur chère ville de Pampelune.

*
* *

Une lande de bruyère (lande de Suzotte) séparait de sa ligne mauve Béarn et pays Basque. Aussi distincts, du reste, par caractère, que nettement séparés par les frontières, Basques et Béarnais étaient bien deux peuples et le furent toujours, malgré leur réunion par suite du mariage de Gaston XI avec Eléonore de Navarre, princesse qui apporta à son époux,

en outre de sa dot, des droits éventuels sur
le royaume de ses pères. Éléonore mourut en
assurant aux vicomtes de Béarn la couronne
de Navarre (1479), et François Phœbus, son
petit-fils, âgé de 13 ans, roi qui passe dans
l'histoire comme une angélique figure, fut cou-
ronné à Pampelune. Sa mère, Madeleine de
France, fille de Charles VII, l'accompagna en
Espagne pour la cérémonie du sacre.

Jetons maintenant un rapide coup d'œil sur
l'esquisse profondément différente du caractère des petits peuples voisins :

Béarnais, sourire aux lèvres. Bien connu
pour son aménité, sa douceur ne l'empêche
pas d'être plein de vaillance, et sa *personnalité*
très caractéristique fut pleinement incarnée
dans Henri IV, si justement appelé le *Béarnais*.

Le *Biarnès* [1] *feaux et courtès*, descendu simplement des Gaulois, vivait dès l'origine de la vie
pastorale. Mais l'invincible Basque, *maquilla* [2]

---

[1] Béarnais fidèle et courtois.

[2] Légendaire bâton ferré.

en main, descendu directement d'Adam (?),
et vainqueur des compagnons de Charlemagne,
dès les premières heures de son existence,
d'un souffle formidable poussa le cri national
« Irrincina », cri de salut ou de défi, cri stri-
dent, répercuté à travers les hautes montagnes.

Les Basques, au dire de Tite-Live, ne crai-
gnaient que le ciel ; l'amusante prétention de
descendre en ligne directe d'Adam est quelquefois émise par eux ; à l'appui de cette antique filiation, ils trouvent un argument dans
certains mots de léur langue *euscarienne* (syno-
nyme de Basque), qu'ils prétendent avoir été
la propre langue des premiers colloques de
l'homme avec Dieu !

Les Vaches de Gueules clarinées d'azur,
écusson du Béarn, témoignent de la vie pastorale du petit peuple cité dans les *Commentaires
de César*.

La présence de ces vaches dans les armoi-
ries, qui marque d'une façon certaine l'origine
pastorale des Béarnais, se trouve d'autre part
expliquée par la légende suivante :

Le soleil tombait sur les collines et le paysage en ces heures où la nuit est proche, et gardait un mystérieux enveloppement d'or.

A travers les campagnes marchaient à pas bien lents deux vaches blanches et brunes, traînant sur son char le Vicomte qui, dans toute la bonté de son cœur, allait visiter son peuple et ses états. Soudain, à l'orée d'un bois géant, apparut un nombreux cortège : c'étaient des prêtres portant avec respect le corps de saint Volusien, martyr de Guyenne, massacré par les Ariens. Aussitôt le Vicomte mit pied à terre, aida les prêtres de ses propres mains, et déposa les dépouilles vénérées sur son char, puis se confondant avec la foule, il accompagna à sa demeure dernière celui qui venait de mourir en pleine lumière de foi, comme en cette heure le soleil se mourait en pleines lueurs dorées.

Se faisant belle gloire de la pieuse rencontre, le seigneur fit aussitôt placer les deux vaches sur son écusson.

Bordenave [1] cite le fait dans ses « Cathédrales ».

Ce devait être un Centulle ou un Gaston, ce Vicomte, car tels sont les noms qui brillèrent en Béarn, avant que le nom d'Henri ne vînt les éclipser. Les Centulle [2] issus de la grande famille Mérovingienne furent très nombreux ; il y eut aussi tellement de Gastons dans la petite seigneurie que, dans la Croisade des Albigeois, les Béarnais sont appelés « Gastonais ».

Quant au prénom d'Henri, il monta sur le trône de Béarn grâce à une coutume touchante et simple [3] ; voici ce que nous en dit de Lagrèze : Il existait à cette époque un curieux usage, religieusement suivi par les seigneurs de Béarn, c'était de donner pour parrains et pour marraines à leurs enfants quelques pauvres pèlerins venus de France ou d'Allemagne pour

[1] Deux Bordenaves se sont fait un nom comme historiens du Béarn. A côté d'eux, nous trouvons Oyénart, Olhagaray, Mirasson, Poeydavant, Laclède, Bela, Faget de Baure ; en tête du savant cortège, Marca.

[2] Voir *infra.*

[3] *Château de Pau,* p. 97.

visiter les lieux de dévotions, si nombreux et
si renommés en Espagne et dans les Pyrénées.
Jean d'Albret, fidèle à la vieille coutume, donna
pour parrain à l'héritier de sa couronne un
humble serviteur de Dieu, pèlerin allemand,
nommé Henri, qui se rendait à Saint-Jacques-
de-Compostelle.

**

Paisible existence champêtre, bienfaisante
influence du climat « sédatif » [1], telles sont
les sources de ce fond d'inaltérable gaieté, de
grande aménité chez les enfants des vieux
pâtres d'Aquitaine; et bien que leur courtoisie
ait été parfois traduite en ce malsonnant quali-
ficatif : *Trop de finesse*, il n'en faut pas conclure
que le Béarnais manque de franchise, mais en
déduire, au contraire, qu'il apporte dans la

---

[1] Le mot sédatif qui veut dire comme on le sait : *calmer*
les douleurs, est constamment employé en Béarn, à propos
du climat.

plaisanterie une malice charmante; témoin la fine réponse faite par un pâtre d'Ossau à un malséant seigneur de la Cour de France, et conservée par la légende : « Les Pâtres d'Ossau, ayant traité d'égal à égal avec un Vicomte de Béarn, pour cession de territoire, en vue de la construction d'un château (origine du château de Pau, Pall Pieu, Paûs Paon), la terre fut concédée sans argent, privilège ou protection, mais faveur fut octroyée à un pâtre de siéger toujours à la première place dans la salle dudit château ». Un seigneur de la Cour de France ayant voulu rire aux dépens du pâtre en honneur, qu'il rencontrait à la cour de Navarre, et lui ayant demandé comment il sifflait pour appeler ses bêtes, le pastoureau, sans se fâcher, répondit au seigneur, en remuant à peine les lèvres :

— Brrrrrrr !...

— Comment, dit le seigneur, vous devez appeler plus fort pour être entendu.

— *Que siûlan tout dous quon las bestis soun près de nous*, continua le pâtre.

Au cœur du petit pays moyenâgeux, dans l'éblouissement des tableaux d'horizon, au milieu de prés ourlés par les haies fraîches, sont plantées des maisons [1] encapuchonnées d'immenses toits, enfouis eux-mêmes le plus souvent sous des bouquets d'arbres.

Si le Béarn offre de beaux panoramas, grâce aux coteaux qui coupent le paysage et à cette touffure de végétation qui entoure les choses, en maintes places il produit l'effet de tableautins, surtout lorsque les montagnes se dérobent dans le flou d'un vague coloris.

Devant ces points de vue rétrécis, comme devant les tableaux un peu plus vastes dans lesquels s'élèvent les ruines féodales baignant

[1] Ces maisons ont un cachet moyen âge; cependant la plupart ne remontent pas à une époque ancienne, on en voit beaucoup de la sorte en Bigorre.

leur pieds aux gaves, ruines sur lesquelles traînent d'épaisses chevelures de lierre, le passé
revit dans toute sa fierté.

Le Béarn moderne, vieux Béarn toujours,
est une lecture, une *Vision historique*, et Pau,
la jolie station hivernale, malgré son allure de
« smart » plaisir, confirme bien cette impres-
sion profonde.

Dans le tourbillon mondain, on ne peut
oublier les fleurons et les lueurs que la ville
porte au front ; fleurons et lueurs dont l'attrait
magnétique prime l'attrait des plaisirs. Qui
plus est, à la modernité de ces plaisirs se ratta-
che une authentique tradition. Le château de
Pau, qui fut d'abord *Castet Menou*, ce châtelet
construit sur l'emplacement[1] concédé par les
Pâtres, fut, dès le début, séjour de délices,
temple mignon de Vénus, et rendez-vous des
seigneurs disciples de Diane.

[1] Emplacement où se trouve aujourd'hui l'hôtel Gassion.

Troublé seulement par la chanson des Gaves, le calme du Béarn est empreint de grandeur : *rien n'y bouge*. Telle est l'expression recueillie sur nombreuses lèvres de touristes, expression qu'il faut prendre non pour une critique, mais pour un hommage rendu à la tranquillité de l'indigène, au calme de l'atmosphère. Un silence magique enveloppe le pays ; on dirait que cette terre, indépendante et fière, se recueille, évoque ses souvenirs et sommeille à l'ombre de son histoire.

.•.

Histoire curieuse, grande et triste que l'histoire du Béarn. Curieuse par l'indépendance de caractère des *Bénarnenses* (nom primitif des Béarnais), qui ne plièrent sous le joug de César[1] comme leurs frères d'Aquitaine et dont une partie, ces paisibles vachers, les Osquidates, s'enfuit dans la montagne plutôt que de se soumettre à la domination romaine[2]. Bénarnenses qui transmirent scrupuleusement leur âme et leur vigoureuse essence à leurs fils, ces Béarnais, qui Béarnais étant, entendaient le rester. *Avec Henri IV, n'ont-ils pas conquis la France pour l'annexer au Béarn!*

Histoire curieuse par ses *Fors*, lois du pays, expression la plus belle et la plus complète des vieilles règles de droit, au point que Cujas en put dire qu'il n'y avait en France coutumes plus conformes à la justice que celles du Béarn. *Fors*, égide invulnérable du Béarnais, car ils

[1] M. Dufourcet, président de la Société de Borda, donne la liste des peuples qui se soumirent à César et déclare que les Bénarnenses n'avaient pas fait leur soumission : *Landes et Landais*, histoire et archéologie, p. 39, Dax; passage cité dans Planté, *Orthez et ses monuments*, p. 22.

[2] Jean Passy, Thèse, *Ecole nationale des Chartes*, 1892

obligèrent le seigneur à être bien *droiturier;*
régnant sur des peuples libres, avec leur con-
sentement, et son pouvoir prenant à la fois
force et douceur par un mutuel respect des
droits. — Les rois de France eux-mêmes res-
pectèrent ces coutumes.

A propos du respect dû aux Fors, on trouve
dans les vieilles chroniques un récit typique
et d'autant plus intéressant que c'est grâce à
le circonstance qu'il rapporte, que la branche
de Moncade [1] gravit les marches du trône de
Béarn : « Il fut une fois dans un château de
Catalogne deux enfants jumeaux : Gaston et
Raymond, enfants blonds, roses, grassouillets;
si pareils que pour les reconnaître l'un de
l'autre endormis dans leurs gentils berceaux
et souriants aux anges, il fallut mettre à leurs

[1] Depuis le commencement du dixième siècle jusqu'à la
mort d'Henri IV en 1610, le Béarn est gouverné par trente
vicomtes dont les six derniers ajoutent à leur couronne vicomtale la couronne des rois de Navarre. Ces trente vicomtes
se partagent en cinq maisons principales : la maison méro-
vinglenne ou de France, puis les maisons de Moncade, de
Foix, d'Albret et de Bourbon.

bras, à l'un ruban rose, à l'autre ruban bleu. Enfants de preux chevalier ils étaient. »

. « Or, en ce temps, le Béarn se trouvait sans seigneur. Messagers furent envoyés en Catalogne, pour demander au chevalier s'il voulait l'un des jumeaux donner à fin de régner sur la souveraineté et la tenir en ses Fors et coutumes. »

Avant cette aventure, il était arrivé ceci : que des seigneurs vicomtes avaient violé l'indépendance de la patrie.

« Sur la parole du père chevalier que cela lui serait grand honnéur d'avoir enfant Vicomte de Béarn, d'entre les deux jumeaux, les Messagers choisirent celui qu'ils trouvèrent endormi dans sa barcelonette les poings ouverts, comme si cela était présage de libéralité et de justice. »

Le poupon, soigneusement choyé, fut mené en Béarn et devint excellent et généreux prince, car les chartes le qualifièrent de *Bou-Lou-Seignor* qui a nom *En Gaston Lo-Bo.*

Marca, le véridique historien, qui siégea au parlement de Navarre, dit qu'en effet l'égalité

de ses *mœurs et la modération de ses dépor-*
tements lui avaient acquis le surnom de Bon,
ayant usté l'occasion de noise avec ses voisins.

Il épousa dame Pétronille, héritière du Comte
de Bigorre ; ce fut Pérrigrin de Castarazols,
Ricombre d'Aragon et tuteur du tout jeune
Vicomte qui fit le mariage.

« Devenue veuve, dame Pétronille *ère trop
bère Dame* (était trop belle Dame) pour rester
longtemps en solitude : elle n'eut souci du
souvenir du bon Gaston, car *en toute hâte,*
elle prit un autre mari. Trois autre fois encore,
elle convola en justes noces, ce qui en totalité
lui fit cinq époux. »

Régi par ses Fors, le Vicomté avait pour Cour suprême la *Cour Majour*, dans laquelle douze grands Barons, Jurats héréditaires, assistaient le Vicomte.

Avec Centulle Ier, fils de Loup, Duc de Gascogne et premier Vicomte investi par Louis le Débonnaire, commence une lignée de princes glorieux ayant du sang de Mérovée dans les veines [1].

---

[1] Dagobert, en montant sur le trône, céda à son frère Charibert une partie de l'Aquitaine. Ce prince prit le titre de roi de Toulouse; il épousa Giselle, fille et héritière du Duc des Gascons. C'est de ce Charibert que descendaient les Ducs de Gascogne et les Vicomtes de Béarn. (Lire Faget de Baure : *Essai sur le Béarn*, pages 18 à 28, et page 39.)

Une charte publiée par Charles le Chauve lors de la confirmation de la fondation du Monastère d'Alaon (diocèse d'Urgel en Aragon), nous offre une singularité remarquable qui nous explique comment les Ducs de Gascogne et les Vicomtes de Béarn avaient pu se former des États indépendants :

Le petit-fils de Charlemagne nous apprend que ces Ducs de Gascogne descendaient des rois de France, et qu'à eux aurait dû échoir le trône de Clovis.

En tous cas, brillants princes, les Seigneurs de Béarn, de souche royale, se succédèrent, portant au loin la renommée de leur vaillance.

La Terre de Béarn était évidemment une terre vicomtale de petite étendue, mais elle était si importante par sa valeur, qu'un monarque a pu dire : *Baissez l'épée de la France, voici la Terre de Béarn*[1].

[1] Louis XI à son écuyer dans un voyage qu'il fit à travers le midi de la France, accompagné par Gaston XI.

Les guerres de religion ensanglantèrent tellement ce coin des Pyrénées, que la Saint-Barthélemy fut, dit-on, inspirée comme représailles des massacres Béarnais. Dans l'histoire de ces temps sacrilèges et fratricides se dresse, comme souvenir des plus cruels épisodes, le Pont d'Orthez, bien vieux monument du Béarn; saisissante et tragique vision du passé avec sa *Frinesté dou Caperdas* (fenêtre des prêtres), de laquelle Montgomery fit précipiter les religieux dans la profonde crevasse où coulent les eaux bouillonnantes et tourmentées du Gave. Ce vieux pont d'aspect lugubre se présente au touriste réfléchi comme un témoin suggestif des horreurs du siège et du sac de la ville d'Orthez (1560) [1].

[1] Voir Planté : *Orthez et ses monuments*, pages 78 et 91.

Montgomery [1] ayant encouru la disgrâce de la reine Catherine de Médicis à la suite du fatal tournoi dans lequel périt Henri II, atteint par la lance imprudente du capitaine de la garde écossaise, voua une haine implacable au parti catholique, et se donna corps et âme à celui des Huguenots, dont la reine de Navarre était un des plus forts champions. Jeanne d'Albret, femme de dure trempe, que nous sommes habitués à ne voir qu'armée de pied en cap, avait cependant sous sa cuirasse un cœur bien tendre et bien aimant, et c'est pitié de penser que tant de grâce et d'intelligence ont été mises au service de la mauvaise cause. Froissée par le délaissement du bel Antoine de Bourbon, son époux, elle ouvrit son cœur, non point au baume de la résignation chrétienne, mais au fiel perfide de l'hérésie. De faute en faute, de crime en crime, celle qu'on nommait la *douce Brebis* devint *l'Elisabeth du Béarn*. Sur sa mémoire retombe le sang

[1] Il était capitaine de la garde écossaise de Henri II.

de la Saint-Barthélemy, car il fut la réponse
au guet-à-pens dans lequel tombèrent les offi-
ciers catholiques, qui, après vive résistance et
sur parole « de n'avoir ni mal ni déplaisir »,
durent capituler avec Terride dans le château
d'Orthez : c'étaient les Seigneurs de Gerderest,
d'Aydie, de Sainte-Colombe, de Goas, de Sus,
de Candau, de Salies, de Pardie et de Favas [1].

Peu fidèles à leurs engagements, les Seigneurs protestants, séides de Montgomery,
le 24 août 1569, fête de la Saint-Barthélemy,
s'élancèrent sur les prisonniers reclus au château de Pau, pendant que ces malheureux
essayaient d'oublier leur tristesse dans des
agapes fraternelles, et les traîtres firent passer
de table à trépas les trop confiants captifs.

La nouvelle de ces malheurs souleva les
colères du roi Charles IX, qui dès lors conçut
l'idée de faire une seconde Saint-Barthélemy
en expiation de la première [2]. Toutefois la reine

---

[1] Voir Lagrèze : *Histoire du château de Pau,* page 161.
[2] Favyn, *Histoire de Navarre,* page 859.

Jeanne, retenue par la peur de trop chagriner
son peuple, qui était fortement attaché à la
croyance de ses pères, se garda de lever sitôt
le masque de ses fourberies, et vécut dans le
simulacre du catholicisme. Le jour de Pâques
1563, elle fit à Pau, d'une manière solennelle,
profession de fausse doctrine; et ce fut en 1570
que l'exercice public de la religion romaine
fut aboli dans ses Etats.

Malgré sa vaillance, *Reginœ Johannœ,*
comme l'appelle Sponde, trembla quelquefois,
car après le pillage de la belle cathédrale de
Lescar, qu'elle avait ordonné, un tel orage
éclata sur le Béarn, que la reine parjure recula
d'effroi, et n'osa plus entrer dans la ville,
reconnaissant dans les éclairs et la tempête
les signes de la colère de Dieu.

Le sac d'Orthez, la profanation de la cathédrale de Lescar, ne furent pas les seuls sacri-
léges et destructions commis dans le pays.
Durant les guerres de religion, au cours de la
lutte du roi de France et de la reine impie,
Antoine de Lomagne, vicomte de Terride,

nommé par Charles IX gouverneur de Béarn et de Navarre [1], et Montgomery, appelé par Jeanne, se disputant le royaume, le saccagèrent; mais les vestiges qui restent des monuments féodaux, s'harmonisent si bien avec le recueillement du Béarn, qu'à l'aspect de divers sites un peu tristes, on se demande s'il ne s'est pas endormi à jamais sur ses souvenirs comme sur une histoire close. Au fait, d'ailleurs, peu après cette triste époque, son histoire se confondra avec celle de la France, à laquelle il allait être annexé.

[1] Commission du Roy au Parlement de Toulouse, 8 octobre.

Dans les replis du Béarn endormi entre
coteaux, le pittoresque et le cachet local du
paysage portent naturellement à la rêverie ;
on voit passer nombreuses les images et les
visions d'antan : c'est *lou nouste* Henri, vrai
cadet de Gascogne au gousset vide, au pour-
point troué ; ce sont les hommes d'armés de
la reine Jeanne. On croit entendre, venant de
la sombre forêt d'Orion[1], un son de cuivre qui

---

[1] Les noms d'Orion, comme ceux d'Abydos, d'Ecoss, d'Ur-
dos, sont étrangers à l'idiome du pays. On retrouve ces noms
au delà des Pyrénées ; il est donc probable qu'ils furent
donnés par les Grecs Phocéens, qui fondèrent une colonie
en Espagne, sur les côtes de la Méditerranée.

24

vient mourir sur les lierres des ruines, les effleurant à peine : c'est l'écho des fanfares du grand chasseur Phoëbus, vicomte plus beau que le soleil, héros des légendes du XIVᵉ siècle. « Le plus gentil, le plus beau prince que l'on pût voir », nous dit le chroniqueur Froissart. Ce seigneur Béarnais, qui régna sous le nom de Gaston IX et qui fut le fils de la célèbre Éléonore de Comminge, nous ouvre naïvement son cœur en son ouvrage, Traité cynégétique : *Le myroir de Phoëbus des desduits de la chasse aux bestes sauvages et aux oiseaux de proye.*

Je, Gaston, dit-il, dans le langage du temps, *par la grâce de Dieu surnommé Phoëbus, Comte de Foix, Seigneur de Béarn, qui tout mon temps me suis partagé par espécial en trois choses, l'une est en arme, l'autre est en amour, l'autre si est en chasse.*

C'est de la chasse que j'ose bien dire qu'il en peut venir beaucoup de bien. Premièrement on enfuit les sept péchiés mortels, secondement on est mieux chevauchant. Toutes bonnes coutûmes et moeurs en viennent es la salvation de l'âme.

*Donc bon Veneur aura en ce monde joie, liesse
et deduict, et après aura Paradis encore* [1].

Les tours ruinées semblent écouter les démêlés de la Ligue, le bruit que fait la couronne royale en tombant de la tête du dernier des Valois; elles semblent regarder le panache blanc du roi de Navarre voler vers le trône de France, et les grandes batailles d'Arques, d'Yvry, ainsi que les couleuvrines de Paris, vomissant la mitraille. On dirait qu'elles répercutent la formule du serment d'abjuration, et *Paris vaut bien une messe*, parole faussement attribuée au Béarnais, qui avait trop d'esprit pour se permettre une telle légèreté sur un sujet si grave; il faut rendre cette parole à son auteur, le duc de Rosny (Sully), qui répondit, un jour, à feu Henri le Grand (que Dieu absolve), lorsqu'il lui demandait pourquoi il n'allait pas à la messe aussi bien que lui : *Sire, Sire, la couronne vaut bien une messe.*

[1] Le plus beau manuscrit du *Myroir* appartint au duc d'Aumale; il put être feuilleté par les nombreux chasseurs invités si cordialement aux belles chasses de Chantilly.

BÉNÉHARNUM, dont dérive l'appellation Béarn, capitale de la *Civitas Bénarnésium* mentionnée dans l'itinéraire d'Antonin (IIIᵉ siècle), indiqué par Grégoire de Tours dans son *Historia Francorum*[1], disparut de la surface du globe, le 21 avril 840[2].

La Terre, qui recèle dans ses entrailles les restes des hommes et des choses, et qui garde

[1] Legrèze, *Ch. de Pau,* page 215.

[2] Ennodius, dit-il, qui administrait le Duché des Villes de Poitiers et de Tours, reçut en outre le gouvernement des villes d'Aire et de Bénarna.

si précieusement ses secrets, n'a pas encore répondu à l'énigme que cherche la science.

A travers les réseaux des voies romaines, voies qui reliaient entre elles les villes de la Novempopulanie, à travers les ajoncs et les bruyères des landes, sur les plateaux riants, sur les bords des gaves, la science, lanterne en main, afin d'éclairer les grandes obscurités et les grandes ombres du passé, creuse, fouille, interroge; mais la Terre, profonde, mystérieuse, ne consent à répondre que par monosyllabes et ne livre l'énigme que par morceaux.

Le regard scrutateur de la science s'arrête sur Lescar[1], parce qu'à Lescar le célèbre évêché de Bénéharnum fut rétabli, évêché représenté au Concile d'Agde par saint Galactoire (506). « Si la superposition des deux diocéses ne peut faire doute, l'identification des deux localités reste discutable, dit la *Revue du Béarn.* »

D'après les sources narratives du moyen-âge et le cartulaire notice que Pierre de Marca eut

[1] Voir *Revue du Béarn et du pays Basque* (août 1904).

entre les mains lorsqu'il écrivit son *Histoire de Béarn*, on peut croire qu'il y eut à Lescar, avant la fin du xᵉ siècle, une église, probablement *Sède,* c'est-à-dire cathédrale, du mot latin de l'époque, qui s'est conservé en Bigorre : Sède, la cathédrale de Tarbes, Séo en Espagne, la cathédrale de Saragosse. Cette créance repose sur la découverte d'un baptistère, dont parlent les cartulaires; baptistère alimenté, peut-être, par une source voisine et miraculeuse nommée Hount-Saint-Jean (fontaine Saint-Jean).

Charlemagne aurait fondé cette cathédrale après la destruction de Bénéharnum.

Toutefois, la ville de *Lascurra* [1], Ville aux nombreuses sources, avec son église Notre-Dame, qui domine la ville, cathédrale romane [2], l'une des plus pures des Pyrénées, et les his-

---

[1] Ainsi appelée, dit Marca, de *Lascura :* nombreuses sources qui arrosaient la ville.

[2] Le monument actuel, dans ses parties les plus anciennes, dit encore la *Revue du Béarn,* remonte vraisemblablement à la fin du premier ou du deuxième quart du xııᵉ siècle.

toires de son origine [1], offre déjà une page
bien intéressante, même abstraction faite de la
poésie nébuleuse, propre aux cités disparues.
Lascura [2] et Illuro (Oloron) sont les deux
évéchés dont il est constamment question au
cours de l'histoire du Béarn et lorsque l'édit
de Nantes eut pacifié la France, Henri IV,
rétablissant le culte catholique dans l'ancien
Vicomté, replaça les évêques d'Oloron et de
Lescar à la tête de la hiérarchie du clergé
Béarnais.

Parmi les épaisses chevelures de lierre, où
viennent mourir les échos de la forêt d'Orion,
dorment les tours de Bellocq (beau lieu, belles
eaux). Entre leurs pierres féodales vivent en-

[1] Voir *infra*.
[2] Lescar, aujourd'hui chef-lieu de canton de l'arrondissement de Pau, fut un centre important jusqu'à la Révolution.

core, compagnes des frileux lézards, les vieilles légendes, ces fleurs séchées de la tradition, qui gardent une senteur poétique et berçante : légendes aimées et vénérées des peuples, comme l'on aime et vénère de chères reliques, Bellocq baigne ses tours dans le Gave de Pau, aux ondes vertes et comme parées de reflets de libellules, et s'éclaire de lumières d'or qui se jouent à travers le feuillage.

Bellocq, autrefois clé du Béarn, maintenant forteresse, dont l'entrée n'est plus défendue que par une rustique et chétive barrière de bois cédant à la pression du doigt, présente néanmoins d'imposantes ruines : sa terre, si riche en herbage, attira certainement les pasteurs et semble avoir été habitée avant l'arrivée des Romains ; aussi se demande-t-on s'il ne fut pas l'antique Bénéharnum.

Nous ne nous étendrons pas sur le *moult* gracieux escalier, qui du donjon tournait au Gave, pour aller se perdre dans les noires et mystérieuses voussures des souterrains reliés à Pau par Orthez ; laissons dormir sous les

lierres la légende de Jeanne la Guerrière;
fuyant à la faveur dudit escalier, pour gagner
secrètement sa bonne ville de Pau, où elle
allait donner le jour au grand Henri [1].

[1] Bellocq est situé dans l'arrondissement d'Orthez, dans le
canton de Salies-de-Béarn. — Lire sur Bellocq : *Notice historique et religieuse*, par Laurens, ancien curé de Bellocq,
ainsi qu'*Etude sur Bénéharnum*, de Lartigau, curé-doyen de
Sauveterre-de-Béarn.

Bien que l'on prétende, en général, que le nom de Béarn dérive de Bénéharnum, la chose n'est pas absolument prouvée. On a beaucoup disserté sur l'origine des Béarnais et sur celle de leur nom. Palma-Cayet, qui écrivait à Pau sa *Navarride* au xvie siècle, dit : *Les Béarnais sont, dès les jours de Noé, anciens, et s'il vivait il les avouerait siens.* Quelques auteurs font dériver leur nom des *Bernois de la Suisse.*

Enfin, nous trouvons, dans un intéressant article du *Mémorial des Pyrénées,* ces curieux détails : Les Romains, après la conquête, auraient donné à Montréjeau, en Béarn, le nom de Bénéharnum (village des Béharni ou Vénarni), afin de le distinguer de Montréjeau, en Comminge. L'origine de ce Montréjeau est si ancienne, ajoute le *Mémorial,* qu'il dut être le premier refuge des êtres humains qui s'établirent dans la contrée, et ce n'est pas sans raison qu'auprès de cette cité, qui s'appelait déjà *Ville Royale,* les Romains firent aboutir un carrefour de plusieurs grandes voies. Des sépultures [1], sortes de Pyramides, dont une existe encore à Labastide-Cézerac (ancien territoire de Montréjeau), attestent la haute antiquité et les titres illustres de ce lieu, près duquel se trouvent les vestiges d'un camp romain; on suppose que c'est là que Crassus défit les Aquitains.

[1] Ces sépultures étaient des *Turons.* On appelle Turons des monticules de terre de dimensions diverses, en forme de cônes tronqués: M. Cénac-Moncaut, dans une étude sur les camps de la contrée, et M. Batcave (Directeur de la *Revue du pays Basque et du Béarn*), qui a si patiemment et si longuement compulsé toutes les archives de l'arrondissement d'Orthez qu'il a publié une petite notice sur chacune des communes de cet arroudissement, disent que les Turons étaient très nombreux à Montréjeau. Un auteur rapporte que dans ces Turons il y avait deux vases en terre renversés l'un sur l'autre et contenant des cendres mortuaires. (Bénéharnum, *Mémorial,* 14 et 15 août 1904.)

Dans Maslac, Bénéjac, on voit aussi Bénéharnum; mais l'opinion la plus générale se prononce pour Lescar. Tels sont les voiles baissés sur l'attachante énigme, énigme qui hante le Béarn comme un fantôme insaisissable.

Après Bénéharnum, le Béarn eut trois capitales : MORLAÂS, ORTHEZ et PAU.

Morlaâs : *Mourt-qué-las*. Loup Fort, chevalier Gascon, lui donna son nom funèbre [1]. L'an 1031 [2], en plein concile de Limoges, un des assistants raconta la douloureuse aventure

[1] Mort-là, dit Faget de Baure dans ses *Essais sur le Béarn,* page 46.

[2] Voir *Revue du Béarn,* août 1904 ; et Faget de Baure, page 46, nous dit que le Vicomte de Gascogne était un Vicomte de Béarn : Gaston Centulle, suzerain de Serses. — La petite chapelle dédiée à saint Jean-Baptiste, la végétation dense sont, au xme siècle, deux signalements de Bénéharnum. Les deux choses à cette même époque se trouvent, au xme siècle, à Montréjeau comme à Lescar. Il subsiste encore à Montréjeau des parties de l'épaisse forêt poussée peut-être sur les ruines de Bénéharnum.

de ce chevalier qui, par ordre de Guillaume
Sanche, comte de Gascogne, assassina son seigneur, le Vicomte de Gascogne, et qui ensuite,
sur les conseils de l'évêque Arsia Raca, se
retira dans une épaisse forêt, *in civitatem quæ
dicitur Lascurris* (dans la circonscription où
est Lescar), afin d'y faire pénitence. Ce Loup
n'y trouva que la petite chapelle dédiée à saint
Jean-Baptiste et fit construire un monastère,
dont il fut abbé. La chapelle du monastère
n'eut pas sitôt rang de cathédrale ; mais telles
sont les origines de Notre-Dame de Lescar
et l'étymologie de Morlâas, qui semble bien
réelle et non fabriquée. Quant à la raison pour
laquelle les Vicomtes, après le sac de Bénéharnum, se réfugièrent à Morlâas, la voici :
Morlâas étant à l'autre extrémité de leurs États,
ils s'y trouvèrent plus en sûreté.

Au château de la Fourquie (*Furca*, fourche),
nouveau palais vicomtal, on frappait monnaie[1].

<hr>

[1] Le *Mémorial des Pyrénées* (12 août 1901), nous dit que
le nom de Furquie, donné à cause du carrefour des routes,

Or « icelle », disent les vieilles chroniques, avait cours dans toute l'Aquitaine. On voyait sur la pièce l'empreinte d'une tête, avec ces mots : *Gast. Vic. et Dom. Béarn.* On lisait au bas : *Honor. furo. : Morlan;* ces mots signifiaient : le Palais des monnaies. Sur le revers était « main tenant espée », et pour exergue : *Gratiâ Dei, sum id quod sum.* C'étaient les livres *Morlanes*, comme celles de France se nommaient *Tours.* — Monnaies *Morlanes :* sou, ardit (liard); Baquette : piécette avec petite vache. — Longtemps en France on attacha un heureux présage à la possession de ces monnaies du Béarn : un écu, à la vache, avait là puissance d'un fétiche[1]. Les nombreux gisements d'or, d'argent, de cuivre, d'étain des Pyrénées étaient à peu près intacts, lors de la conquête romaine; chez les Bénarnenses,

devait être celui du Palais de Montréjeau. Du reste, ce nom très caractéristique signifie encore embranchement en Béarnais actuel. — Voir pour description de ces monnaies : Faget de Baure, *Essai sur le Béarn,* page 87.

[1] Voir *Mémorial des Pyrénées,* 12 août 1904.

le trafic se faisait par échange de marchandises. Les vainqueurs, experts en art métallurgique, exploitèrent ces gisements et firent battre monnaie à Bénéharnum ; de là, vint le droit de frappe, exclusivement réservé à la ville ; droit qui se conserva durant l'occupation visigothique, le régime féodal, qui fut transporté à Morlàas, et finalement à Pau ; car en 1524, Henri II d'Albret installa ses ateliers monétaires de la Fourquie, dans son château et à la Tour de la Mouline, depuis Tour de la Monnaie [1].

Si nous nous étendons sur les monnaies du Béarn, c'est que nous tenons à faire ressortir ici le privilège exceptionnel dont furent investis ses Vicomtes : le droit de battre monnaie ayant été le rare apanage de quelques grands vassaux. Le droit de monnayage fut sans égal pour les seigneurs béarnais ; car outre qu'il leur donna une supériorité sur leurs suzerains, les ducs et les comtes de Gascogne dont ils

[1] Lagrèze, *Ch. de Pau*, page 886.

étaient petits vassaux, il alla jusqu'à leur permettre de frapper monnaie en *or fin*, privilége
inouï qui fit sous ce rapport égaux de leur roi
les petits vicomtes, car dans toute la France
cette faveur n'était accordée qu'au souverain.
On comprend donc l'importance que les nu-
mismates attachent aux monnaies du Béarn,
et la raison pour laquelle nous avons dû leur
consacrer ces lignes.

Le nom d'*Orthésium* [1], donné autrefois à Orthez, rappelle bien la domination romaine ; en effet, une forteresse érigée par les Romains fut le berceau de cette ville. Cette forteresse était perchée sur la hauteur, qui coupait transversalement la vallée et qui primitivement fermait le barrage qui retenait les eaux, barrage dont le sous-œuvre était consolidé par une masse de rochers de plusieurs centaines de mètres. Autour de la forteresse, il se groupa vite des maisons. C'est le remous des eaux qui

[1] Faget de Baure, page 111, *Essai sur le Béarn*. D'autre part, le *Mémorial des Pyrénées* (11 août 1904), nous dit qu'on reconnut dernièrement les vestiges d'*Opidum Novum* sur l'emplacement d'Orthez.

tailla, non loin du grand barrage, la petite falaise de Montréjeau [1], véritable arche de Noé, dans laquelle se réfugièrent les premiers habitants du Béarn, afin d'échapper au déluge de la vallée et de laquelle l'excédent de la population se déversa dans la contrée. Quant à Lacq, voisin de Maslacq, qui se trouve, comme Montréjeau, au-dessous du grand barrage, il doit témoigner, par son nom, de l'existence d'un lac formé par la retenue des eaux, et qui dut subsister longtemps après l'établissement des premiers hommes dans la contrée; car le grand barrage dut résister fortement avant de livrer passage à l'onde et d'ouvrir sa profonde crevasse. Lacq fut probablement un village habité par des pêcheurs, et Maslacq (mauvais lieu), construit près de berges marécageuses, fut sans doute ainsi nommé à cause de fièvres paludéennes qui y sévirent. Avant l'occupation romaine, la hauteur qui coupait la vallée devait être la limite du Béarn et du pays Daquois.

[1] La ville de Montréjeau est assise sur un plateau de colline qui se termine par une falaise en pente abrupte.

42

Quand les Romains et les Wisigoths furent partis, après contestation, Orthez échut aux vicomtes Daque (*Aquœ Tarbellicœ, Dax*) ; mais Gaston VI, l'enfant aux poings ouverts, reprit définitivement cette ville à ses voisins et termina la série de guerres entamées depuis longtemps à son sujet. Dès lors, commença l'histoire de la *noble et loyale cité*. Cependant Orthez ne devint capitale que sous Gaston VII. A l'époque de son avènement, le château-fort croulait, et sur la même esplanade où il s'était élevé, pour le remplacer on vit sortir de terre les gigantesques murailles du château Noble (château de Moncade), bâti par le nouveau Vicomte et d'après le modèle de celui qu'il possédait en Catalogne. Derrière les imprenables remparts de Moncade, campés fièrement en face du pont [1] d'Orthez, Gaston VII défia les Anglais.

Des sept tours qui existaient au manoir,

[1] Les Romains, dit-on, auraient passé la rivière en cet endroit, mais le vieux pont actuel d'Orthez ne serait pas antérieur au XIIIᵉ siècle.

survit seul le donjon, réédifié après « *brûslement* », dont parle Marca. Lorsqu'à la nuit
tombante, sur la gigantesque ruine, passent
doucement les nuages, *comme ils passent en
Béarn*, lorsque sur les lointains ondulés et sur
les peluches de prairies glissent les lueurs
mourantes des soirs, et que les brumes crépus-
culaires jettent leur mousseline aux maisons
encapuchonnées, il est curieux de faire une
promenade sur le plateau [1] solitaire. A ces
heures vagues où les choses prennent des airs
mystérieux, dans les pâleurs de lumière, la
tour apparaît lugubre et le vieux bourg, enve-
loppé d'un nimbe vaporeux, affecte la forme
d'un *béguinage*. Devant cet imprécis de dessins,
l'imagination du promeneur entrevoit d'étran-
ges figures ; de la grande carcasse du donjon,
ouverte à toutes les intempéries, carcasse qui
s'élève craquanté et imposante au-dessus du

[1] L'Association météorologique et climatologique du Sud-
Ouest de la France a installé un observatoire Carlier sur le
plateau de Moncade.

44

vieux béguinage, sortent et s'allongent des ombres fugitives : ce sont les *mânes des Vicomtes*. Dans le cycle des seigneurs béarnais, se détachent plus célèbres celles des Gaston VII, des Phœbus [1], des Gaston XI, illustres ombres de Moncade, comme les Centulle sont illustres ombres de la Fourquie. Puis des fossés taillés dans le roc jaillissent des phosphorescences : ce sont les feux-follets, âmes des trépassés, qui prirent part aux fêtes du château Noble, dont Froissart écrivit les fastes [2].

Tandis que les nuages ont passé, les étoiles se sont allumées, éclairant seules l'alentour du donjon ruiné. Nul mortel ne fait entendre ses pas en ces lieux déserts. La nuit imprime des taches noires sur le paysage, et la cloche de la vieille paroisse Saint-Pierre tinte de sa

----

[1] Ce surnom avait été donné à Gaston IX, soit à cause de sa beauté physique, soit à cause de son soleil qu'il avait pris pour *l'âme* de sa devise.

[2] « Brièvement et tout considéré, avant que je vinsse en celle cour, j'avais été en moult cour de roi..., mais je ne fus oncques en nulle qui mieux me plût... Tout honneur était la dedans trouvé... » FROISSART.

voix un peu rauque une sorte de couvre-feu.
Les images deviennent de plus en plus fantas-
tiques.

Promeneur, hâtez-vous de descendre du ter-
tre : Jeanne d'Albret a regagné son manoir[1];
dans vos visions, vous l'avez suivie, vous savez
où elle habite : c'est au bas de la côte du vieux
bourg, dans une maison qui porte en inscrip-
tion, sur une plaque en marbre gris du Gave :
Hôtel de la Reine Jeanne, mère de Henri IV
Lorsque celle qu'on surnomme l'*Elisabeth du
Béarn* voulut établir le protestantisme dans ses
États, elle choisit comme siège de l'enseigne-
ment la ville d'Orthez, ville forte par excel-
lence. Moncade commençant à crouler à son
tour, un citoyen[2] offrit sa demeure à la sou-
veraine. C'est là, en effet, que vous avez vu
entrer la reine.

Depuis le plateau de Moncade, poste de vigie,
vous avez cru voir, sur les routes peu sûres

---

[1] Aujourd'hui cet hôtel grand manoir est livré à la spécu-
lation. Son rez-de-chaussée est une auberge.

[2] Jeanne l'anoblit, ainsi que toute sa famille, en lui accor-
dant le droit seigneurial du *Colombier* (Planté, page 100).

46

au moyen-âge, le voyageur attardé, craignant attaque nocturne et allant, plein d'émoi, chercher abri à l'hôtellerie de la Lune[1]. L'écot est dur dans cette auberge, mais on y repose en sûreté dans les chambres dont les fenêtres sont à « menauts », et sous les grand'hotte de la cheminée à colonnette, à la flambée d'un bon feu, on détend ses membres lassés par la course à travers les chemins rocailleux. Plus farouche que le « *brûslement* » dont parle Marca, au temps de la Terreur la sinistre bande noire fondit sur le gigantesque donjon, témoin de la féodalité, et voulut achever de le mettre en morceaux. Écoutez, touriste à l'imagination rêveuse, la pauvre et craquante carcasse raconte ses malheurs ; de ses flancs décousus sortent toujours les mânes, essaim lugubre, et dans les douves rôdent les feux-follets.

Épouvante! épouvante! où donc êtes-vous au milieu de vos songes? Vous ne le savez guère,

---

[1] Vieux logis qu'il faut chercher au fond d'une cour de la rue de l'Horloge.

car vous voilà errant de l'époque terrible des guerres de religion à celle encore barbare du moyen-âge. A vos pieds, dans les voiles de la nuit, Orthez, resserré entre son vieux pont et sa tour démantelée, s'endort, rêvant dans les ténèbres, et, sous de bizarres effets d'astres, de sa forteresse romaine et de sa profonde crevasse du Gave un manteau de feuillage admirable, mais sévère, le recouvre, car c'est le saule qui pleure, le lierre qui rampe et le vieux rose de la vigne vierge, le somptueux mais triste feuillage de la noble et loyale cité. Orthez est bien la vieille ville, qui garde en plein vingtième siècle le charme des antiques souvenirs.

Puis vint le tour de Pau d'être la capitale : Pau des rois de Navarre, Pau de la Marguerite *des Marguerites*. Pour beaucoup c'est Marguerite de Valois qui aurait élevé le château encore glorieusement appelé : *Château d'Henri IV*. Il n'en est point ainsi cependant, et le manoir était déjà la demeure des Centulle. Les gracieuses légendes du moyen âge placent entre ses murs cette touchante anecdote : « En un soir de septembre, à l'époque où meurent les feuilles, dans une des salles du palais de Béarn, un guerrier à genoux demandait à Dieu de bénir ses armes. A ses côtés, *Talèze*, l'épouse aux yeux veloutés, priait avec lui; et tous deux, le cœur battant, croyaient entendre le bruit des lances, car on allait partir vers l'Orient, afin de combattre *l'Infidèle*. Gaston et Talèze, pieux comme des anges, sacrifiaient volontiers les douces joies de l'hymen, les tenant pour peu, en comparaison de l'honneur de guerroyer pour le Christ. De sa noble main, la dame attacha la croix à l'épaule de son seigneur *preux* et *vaillant;* puis Gaston, en tête de sa *gent*, au loin partit, tandis que dans la seigneurerie la dame fidèle et anxieuse resta, conservant pieusement sur ses lèvres le baiser de l'époux, glacé par le froid de l'armure. Dame Talèze, oncque plaisir ne prit durant la longue absence, si ce n'est celui de veiller sur le jeune Centulle, l'enfant que Dieu lui avait donné du bien tendre mariage. Or il advint qu'après avoir accompli son vœu, s'être lavé dans les eaux du Jourdain, avoir cueilli les palmes de Jéricho, le croisé, en grand apparat, revint en ses terres, non sans avoir été marqué dans les murs sacrés de Jérusalem délivrée, avec les Godefroy, les Tancrède, comme l'un des plus braves héros. Au milieu des trophées, dont le château de

Béarn était maintenant orné, ce fut belle joie, pour l'époux, l'épouse et l'enfant, que la *joie du revoir*. Gaston III, le Croisé, entr'autres exploits, prit part à cette bataille d'*Ascalon*, dans laquelle furent occis tant de Sarrazins que Dieu seul aurait pu les compter » (disent les historiens du temps).

Donc d'ores et déjà, avant la Marguerite des Marguerites, on connaissait le palais enchanté où la tradition et l'histoire accumulent tant de souvenirs. Ceux qui ne fouillèrent pas les vieilles chroniques s'arrêtent à l'idée toute riante que la sœur de François Iᵉʳ, sa mignonne fleur et *perle* (car d'une perle elle naquit, dit la légende), fut la fée, dont la baguette magique donna naissance au « *Casteig de Paü*. » Veuve de Charles IV, duc d'Alençon, épouse adulée d'Henri II d'Albret, elle tint cour immortelle sur « *les cousteaux herbeux*, » dont parle un vieux poète :

« Sur des cousteaux herbeux et dominant la plaine,
« Que, rapide, le Gave arrose en s'enfuyant,
« S'eslève le palais des roys de l'Aquitaine,
« Dont le toit s'illumine aux rais (rayons) de l'Orient. »

et près des beaux ombrages, spectateurs discrets de la vie intime des seigneurs de Navarre, fit de ce castel gothique transformé en palais Renaissance, le *Parnasse du Béarn*. A sa cour affluèrent les lettrés du siècle, car tout en étant « *quatrième grâce* », l'illustre princesse était « *dixième muse* ». « Corps féminin, cœur d'homme, tête d'ange », dit le poète Marot en parlant de la reine de Navarre. « Très *accostable*, très *aumonière* », ajoute Brantôme, Marguerite de Valois s'était donné le titre de « *ministre des pauvres* ». « Nul, disait-elle, ne doit s'en aller *triste et marri* de la personne d'un prince ». « Les écrivains et les poètes contemporains, dit Lagrèze (*Ch. de Pau*, page 126), nous ont tant parlé de Marguerite, il y a tant d'éclat, tant de cœur, tant de poésie dans cette reine de Navarre, qu'on est excusable de s'arrêter à rechercher les traces qu'elle a laissées dans les souvenirs du pays. »

Henri II, prince charmant, reçut ce trésor des mains du roi de France et comme gage de l'étroite affection que celui-ci lui portait.

Cette étroite amitié des deux rois était née dans le fond d'un cachot[1] où ils s'étaient rencontrés après la défaite de Pavie. N'est-ce pas une page charmante, dans les annales du château de Pau, que l'idylle du *ménage d'amour* d'Henri et de Marguerite? Le roi de Navarre rendait pleinement hommage à la haute sagesse, à l'esprit étincelant, à la beauté de sa femme, et le nom des deux époux reste gravé dans le château, évoquant l'un près de l'autre l'image de la plus pure intimité conjugale[2].

Parcourons, au hasard, les feuillets de cette aimable idylle : figurons-nous Henri, jeune marié, enlaçant la taille souple de Marguerite

[1] Certains historiens ont dit que, faits prisonniers ensemble, ils s'étaient rencontrés dans une même prison; d'autres ont dit que le roi de Navarre fut enfermé dans le château de Pavie, le roi de France dans la Tour de Pizzighitone.

[2] Théodore Chastang, régisseur du Palais Impérial de Pau (1857), nous dit dans sa notice historique : « L'escalier d'honneur attirera, sans nul doute, l'attention du visiteur '.... dans les frises se trouvent des H et des M enlacées. Ce sont les initiales de Henri II et de Marguerite de Valois, son épouse » p. 18. — La même note est reproduite par Lagrège, p. 373, *Château de Pau.*

et la menant, à travers les allées, dans les plus
beaux jardinages qui fussent alors en Europe[1].
Sous le rayonnement du soleil d'or qui donnait
à l'air comme une couleur délicieuse, le cœur
des nouveaux époux s'épanouissait, oubliant,
dans les promesses printanières, les tristes
souvenirs de la prison et les heures languis-
santes du veuvage, pour ne voir devant eux
que les fleurs de la vie. Afin de mieux abriter
leur douce existence, ils réunirent dans le château de Pau tout le confort et le luxe capables
de l'embellir. Aussi, pour le roi de Navarre,
rien ne valait le vieux manoir ancestral, dans
lequel, sans partage, il jouissait du cœur de sa
charmante compagne; mais François Ier voulait aussi beaucoup de ce cœur de femme, et
lorsque le frère appelait la sœur à la cour des
Fleurs de Lys dans les splendeurs de Fontai-
nebleau et de Saint-Germain, pour le roi de

[1] Marguerite de Valois aimait beaucoup les fleurs ; son
jardin d'Alençon avait été surnommé le Paradis terrestre.
François Ier lui envoya à Pau ses jardiniers les plus habiles.
Pau mérita le surnom de *Pau la Jardinière*. (Lagrèze, page
392.) Sous le règne de Jeanne d'Albret on continua ses embel-
lissements.

Navarre un nuage passait sur son soleil de Béarn, et une pointe de jalousie lui mettait comme une épine au cœur.

Ne troublons pas la sérénité de ces aimables souvenirs en reportant notre pensée sur les douloureuses querelles religieuses dont nous avons tracé le tableau ; gardons seulement l'image de la reine de Navarre simple Marguerite des Marguerites, innocente et délicieuse fleur, dont la corolle émergeait, radieuse, de la verte corbeille du Béarn.

C'est ainsi qu'on aime à la voir : adorée de l'époux, rendant amour pour amour et *Reine des Prés*, à travers lesquels, balancée en chaise à porteur sur l'épaule de ses sujets, elle dirigeait sa course en vue des hautes cimes pyrénéennes, notant sur ses tablettes, « en plaisir de *douce escristure* », ses « *contes de Navarre* » ou les esquisses du portrait de son frère bien aimé :

« Dans sa beauté, il est blanc et vermeil,
« Les cheveux bruns, de grande taille,
« En terre, il est comme le soleil !
« Hardi, vaillant, sage et preux en bataille. »

Telle on la rêve, frappant le sol pour en
faire surgir « son nid d'amour », la demeure
féodale, hérissée *de ponts-levis et bien impé-*
nétrable à l'œil humain... Tout semble briller
dans les vallées ouatées de gazon, où les arbres
géants, plantés dans ces verts doux du Béarn,
ont comme des ruissellements lumineux.
Féerie captivante que l'amphithéâtre au bleu
pastel, aux blanches céruses des Pyrénées,
qui domine superbement tout le panorama;
douceur attirante que les tapis des coteaux,
d'où pendent les pampres du jurançon... C'est
la magie du paysage qui porta les rois de Navarre à préférer à toutes leurs autres demeures
le château de Pau. C'est d'ailleurs cette magie
des choses qui fit rêver les anciens vicomtes
des solitudes habitées par les pâtres d'Ossau...
Ces lumières, ces couleurs des vallées, les
petits souverains en eurent plein les yeux. En
songe, ils les emportèrent dans leur Morlaas
funèbre; elles vinrent s'accrocher et poser un
charme imaginaire aux sombres lambris des
hautes salles de la Furquie, laissant dans l'es-

prit de ces vicomtes la hantise des soleils et des verdures de la vallée d'Ossau.

De ces rêveries était né Castet-Menou, temple de l'*Esprit de Plaisir*. Plus tard, à peu de distance du château Mignon, à une époque imprécise, fut édifié le château actuel, avec son superbe donjon. Il donna son nom de Pall, Paus, au *Locq* qui s'étala à ses côtés : vieux bourg de la côte du Moulin, de la côte de la Fontaine, du camp Baltabé, où par la justice de Dieu se vidaient les querelles. Au moyen-âge, lorsqu'on voulait construire une bastide, on commençait par planter le Pall. Ainsi fut fait pour celle de Pau, et la ville tire son étymologie de cette ancienne coutume.

Avec l'histoire du Béarn, celle du château s'est terminée : Henri IV, abandonnant le manoir béarnais pour le Louvre des rois de France, commença à dégarnir les vieilles armoires des aïeux[1]. C'est ainsi qu'un beau jour on vit *Abra-*

[1] Les successeurs d'Henri IV continuèrent à dépouiller Pau de ses merveilles; il est encore richement pourvu, mais c'est peu en comparaison de la grande époque.

ham et semen ejus se mettre en route pour la
capitale. Il s'agit ici d'un lot de dix coffres
bizarrement dénommés *Abraham, Jacob, Esaü,
Aaron, Moïse, Job, David, Salomon, Lazare,*
et *saint Jean* et contenant les plus précieux
objets. Dans ce branlebas général on emporta
aussi les belles tapisseries, ouvrages des artistes
flamands et des princesses Marguerite et Jeanne.
La pensée venue à l'esprit d'Henri de Navarre
d'enlever aux Flamands le monopole de l'art
nouveau, qui fleurissait sous leur ciel gris,
fut reprise par Henri, devenu roi de France;
seulement l'établissement qui devait s'élever
non loin du « Gave fuyant dans la plaine »
ou du Hédas s'enfonçant dans la ville, fut fondé
déjà peut-être près de la Biévre mirant Paris[1].

Dans les phases de sa décadence, la belle
demeure pleurant les brillantes fêtes qu'y don-

[1] Nous tirons ce fait de Lagrèze, *Château de Pau,* page 351,
mais nous n'avons aucune donnée sur l'emplacement de l'établissement; nous savons seulement qu'il fut fondé en vertu
d'un édit royal de janvier 1607. Nos recherches ne nous don-
nent aucun éclaircissement à ce sujet, et nous ne trouvons que
ceci : Louis XIV réunit une partie de ses ouvriers en tapisse-
rie, jusqu'alors répandus dans Paris, à la célèbre Manufac-

nèrent ses princes Phœbus et Marguerite en tête, en arriva à être prison d'État. L'illustre Abd-el-Kader fut le dernier prisonnier qu'elle retint en ses murs. On dit, mais *on dit tant de choses*, « que Gaston le Croisé, apprenant l'arrivée de ce défenseur du Prophète dans son manoir, en frissonna de colère et qu'il voulut sortir de sa tombe, sûr qu'il était que l'Infidèle venait chez lui pour reprendre ses trophées. La grande ombre fut sans doute rendue furieuse par la seule pensée que Kheïrah, la sultane favorite de l'émir prisonnier, dont les yeux peints autour des paupières ne valaient pas les yeux veloutés de Talèze, osait s'asseoir dans le fauteuil à haut dossier, depuis lequel, près de sa fenêtre, l'épouse fidèle épiait le retour de la gent. On dit, « mais que ne peut-on croire de celui-ci, » que dans le soir qui tombe,

ture des Gobelins. Nous disons donc simplement *peut-être déjà la Bièvre ou rivière des Gobelins*, parce que ce fut, comme on le sait, sur ses bords et dans les vastes terrains achetés par les célèbres teinturiers de Reims (les frères Gobelin, venus dans la capitale au xvᵐᵉ siècle), que Louis XIV établit la Manufacture connue du monde entier.

le grand Henri, bravant aussi les Parques, se promène quelquefois sur les coteaux « *de chez nous*[1]. »

Pourquoi cela ne serait-il pas vrai, puisque pour les Béarnais de race, Henri n'est point mort, et qu'il vit encore dans sa bonne ville de Pau !

Restauré magnifiquement, le château de Pau est un intéressant musée placé dans une admirable situation ; et tant par l'aspect pittoresque de ses constructions irrégulières, de ses luisantes tourelles qu'effleurent les tire d'aile des palombes, que par le souvenir des rivières de diamants, des pluies de perles relatés dans les inventaires des joyaux de la couronne, il se présente et s'impose à l'esprit comme le palais d'un conte des *Mille et une nuits*[2].

[1] Tiré d'une poésie de M. Mazères, ancien préfet de Pau.
[2] Plusieurs vicomtes de Béarn passèrent pour les princes les plus magnifiques de leur temps.

Le Béarn a donc son originalité jusque dans la nature qui l'entoure, le soleil qui l'éclaire, l'air qui le baigne, la verdure qui le pare; tout est calme et doux en Béarn : son ciel lui-même est tranquille comme l'est sa terre, son peuple, et lorsque sur l'azur se forment quelques nuages semblables à ceux que nous avons vus passer sur la tour de Moncade, ils ne changent pas brusquement de dessin, parce que le géant *Circius* (le Cers), redouté déjà des anciens, et dont le repaire est une caverne au bord de l'Océan, respecte le petit pays aux grands souvenirs et le touche à peine, tandis qu'il s'élance à ses rendez-vous des plaines de Gascogne et de Languedoc pour se battre avec son frère l'*Autan*. C'est en grande partie à

cette absence de vent qu'est dû le calme du
Béarn. Le laboureur travaille plus silencieuse-
ment, les bestiaux agitent peu leurs sonnailles,
l'oiseau chante en sourdine dans la ramure,
et le grillon lui-même, habitué au silence qui
règne dans les campagnes durant les lourdes
journées d'été, n'appuie que timidement sur
la chanterelle. Sous la magie de l'atmosphère
apaisante se déroulent, sur les longues routes
bordées de peupliers et comme en un dio-
rama, les scènes de la vie rustique : *Là Véroye
Magnadotte*, ou la jolie fille, ou la gracieuse
jeune femme s'en allant, à l'instar de Rachel
et Rébecca, herrade [1] sur tête, à la fontaine.
Là bonne vieille, coiffée du capulet, rosaire en
main, s'achemine vers l'église à l'heure de la
prière.

La femme est toujours une parure pour un
pays. En Béarn, la paysanne elle-même est
mieux que jolie, elle est charmante, soignée,
coquette dans sa mise, plutôt mince et accorte ;

[1] Seau.

on la dirait toujours en cérémonie joyeuse, grâce à sa coiffure, le minuscule macaron, vraie couronne qui laisse à peu près à nu son abondante chevelure. Légère dans sa démarche, douée d'une voix de fauvette, la danse et le chant semblent faire partie de sa vie. D'où lui vient cette grâce peu commune ? La Béarnaise ne pourrait-elle prendre pour elle ce dicton :

> Mon père est un oiseau,
> Ma mère est une oiselle,
> Et je puis passer l'eau
> Sans l'aide d'une nacelle.

On ne peut, en vérité, appliquer à la femme du Béarn cette strophe dédiée à l'enfant de Bohême ; la Béarnaise, avec son allure toute de grâce, sa vie douce, calme et pondérée, ne rappelle en rien la Bohémienne : tout au plus ce propos poétique évoque-t-il la *sylphide des gaves, la créature un peu aérienne qui glisse sur les verdures du Béarn.* Dans les scènes variées de la vie champêtre, on retrouve encore ce calme caractéristique dans ces bœufs paisibles, revêtus de leurs chemises de toile béarnaise, qui traînent sans mugir les lourds fardeaux[1]; on croirait les pauvres bêtes conscientes de la part qu'elles prennent au labeur imposé par Dieu. Parfois, sous les grands ombrages tranquilles, au pied des arbres enveloppés d'étuis de lierre, une bande de garçons *de l'autre pays* passe dans un *Saut basque :* on dirait un tableautin de scène mimée, figurant le passage des *garçons en bérets*[2].

Le Saut basque est une danse de garçons seuls : l'apparition des jeunes basques dans cette sorte de danse, dont le beau sexe est exclu, remet en mémoire le contraste frappant qui existe entre les deux races : Basque et Béarnaise.

Dans la petite contrée sise au pied des grands pics, l'homme est comme aveugle devant les

---

[1] Ces attelages béarnais sont bien moins jolis que les grands attelages gascons, chevaux, mulets, entourés de hauts colliers pomponnés, mais ils ont leur cachet rustique.

[2] Ce béret pyrénéen, qui maintenant a fait son tour de France et qui est devenu alpin avec nos crânes petits chasseurs.

attraits délicats de la femme : il tient celle-ci
à distance, n'en faisant guère que sa servante.
Un trait du servage féminin se manifeste bien
en relief dans ces pauvres *Cascarottes,* nuées
de Basquaises que l'on voyait trotter en chantant derrière les antiques diligences, et entrer
à Bayonne chargées des lourds paniers de
sardines, qu'auraient dû porter leurs maris.

Plus heureuse que ses voisines, la paysanne
béarnaise est pour le paysan béarnais *la douce
compagne de vie.*

C'est donc bien vrai que le Béarn est le pays
du calme, de la vie doucement joyeuse.

Je ne connais pas de plus aimable *farniente*
que celui que l'on peut prendre paresseu-
sément accoudé sur le pont des Gaves,
l'esprit en demi-sommeil, presque sans pensée
précise ; on a certes bien assez à contempler
l'onde illuminée, clapotante, qui passe sous les
arches, montrant dans ses eaux claires les galets
comme en vitrine et les petites lames neigeu-
ses, ébouriffées en chevelures folles, qui s'en
vont on ne sait où, contrariées par les pierres
et les grèves. Souvent les petits flots semblent
remonter le courant. Pour ceux du Gave de
Pau, un aimant sans doute les attire en amont,
vers la belle plaine de Nay à Coarraze, où fut
élevé, non à la française, mais à la béarnaise,

Henri IV, confié aux soins de sa cousine et gouvernante, Suzanne de Bourbon, baronne de Miossens. Là, dans une île merveilleuse, enclose par le bracelet guilloché d'or et d'argent que forment les eaux pailletées de soleil[1], s'ébattait le fougueux enfant, libéré des convenances princières, en pleine liberté paysanne, tantôt baignant ses pieds au Gave, tantôt grimpant aux arbres afin d'y dénicher les oiseaux *raitelets* comme lui.

A l'heure de vêpres, en guise de gâteau des rois, on lui offrait la *mesture*, qu'à belles quenottes il croquait en compagnie des petits montagnards, vagabondant avec eux, tête nue, de village en village, jouant à *barincole et tastoures*, toujours rieur, jovial et déjà *diable à quatre*.

Cette éducation rustique eût sans doute heurté, si elle l'avait connue, la belle grand'mère : la Marguerite des Marguerites, *Dame*

---

[1] Beugnot, page 373, *Revue du Béarn et pays basque*, août 1904, nous montre aussi le Parc de Coarraze comme une île enchantée.

de toutes les élégances. « Eh quoi, très chère, se fût-elle exclamée, admonestant sa fille Jeanne d'Albret, y pensez-vous ! Avez-vous donc juré de faire de l'héritier de Navarre un *va-nu-pied ?* » Et Marguerite, penchant la tête comme les fleurs qui pleurent, eût peut-être aussi pleuré ; mais si ses conseils eussent été écoutés, elle aurait fait perdre le meilleur de l'enfant, car c'est dans l'île merveilleuse que, rendu robuste de corps par le bon lait campagnard, Henri Pastrou [1], enfant des villages, apprit à laisser grandir en lui, en même temps que le héros des champs de bataille et le prince redouté des ennemis de la France, le bon roi dont le peuple a gardé la mémoire. Henri IV, dans ses grandeurs, eut toujours un sourire, un mot sorti du meilleur de son cœur pour

[1] Il fut nourri à Billière, près Pau, par Jeanne Fourcade, femme Lassansàa. On raconte que Lassansàa, son père nourricier, fit à pied le voyage de Billière à Paris, afin d'apporter des fromages du pays à son nourrisson, devenu roi de France. (*Hist. du Château de Pau*, page 82, avec Panorama-guide du visiteur et du touriste.)

les paysans joufflus [1], ses compagnons de jeux rustiques du pays des Gaves.

Au milieu des éblouissements et des soucis du trône, l'esprit du bon Henri revenait souvent au Parc de Coarraze, à sa ville natale, au château des ancêtres, dans les beaux *jardinages* créés par ses aïeux Henri d'Albret, Marguerite de Valois, à l'époque de leurs noces récentes, pour enguirlander leurs tendres entretiens.

« Mandez-moi des nouvelles de mes jardins de Pau, et s'ils sont bien entretenus », trouve-t-on sans cesse dans les lettres du *Rey,* à côté des plus graves préoccupations politiques.

Le 13 janvier 1597, il écrivait de lui envoyer des *pavis et mirlicotons;* or, pavis et mirlicotons bien cultivés devinrent les magnifiques pêches de Montreuil [2].

---

[1] Beaucoup de ces jeunes enfants, devenus des hommes, le suivirent sous les drapeaux, renversèrent Mayenne et entrèrent avec lui dans Paris.

[2] Lagrèze, *Henri IV, vie privée,* page 302 du *Château de Pau.*

L'esprit du touriste remonte aussi le courant; mais ce qu'il cherche dans les eaux lumineuses, lorsqu'il est bon chrétien, c'est la vision de la Vierge, car la sainte Madone habite vraiment les bords du Gave; sur ses rives, elle voulut de nombreux sanctuaires :

Tout petit sanctuaire de la *Vierge du Pont,* que la princesse Jeanne d'Albret, déjà quasi huguenote, implora néanmoins, dans un vieux cantique, lors de l'enfantement du *Lion le Béarnais.*

Sanctuaire de *Lestelle - Bélharram,* vieux sanctuaire des Béarnais.

Sanctuaire de la *Grotte de Massabielle,* où la foule épand son cœur et se prosterne devant les miracles éclatants.

La prière faite à la Vierge du Pont rappelle la vieille légende citée plus haut. À l'époque en question, le futur grand-père d'Henri IV, auquel la mort avait enlevé sa femme bien-aimée, fragile comme toute créature, malgré ses regrets se trouvait sous l'empire d'une grande Dame, en faveur de laquelle, d'après les *on dit de son entourage*, il aurait fait un testament. Vaguement aussi l'on parlait pour lui d'un second mariage avec Catherine de Castille, sœur de Charles-Quint. En cachette le vieux roi tenait soigneusement serré dans un meuble incrusté d'ivoire de Jérusalem une boîte en or ciselé; or, toutes ces choses mettaient l'esprit de Dame Jehanne, sa fille, en grand émoi, craignant fort pour l'avenir *du Réaume et Frustement.*

Câline comme on l'est avec son père, elle l'enjola si *bien si fort,* qu'un jour il lui montra la boîte d'or, « *astenant d'une chaîne* », qui trente fois pouvait faire le tour du cou de la princesse, et lui promit boîte et testament contenu dans la cassette dorée, si elle avait

le courage d'accoucher en chantant, afin de
ne pas mettre au monde « *enfant pleurard et
rechigné* ». Ainsi fut fait, et la Vaillante, dans
les douleurs, entonna le vieux cantique béarnais de Notre-Dame du Pont, Vierge propice
aux femmes dans les souffrances[1].

Au pied des sanctuaires, ce sont les pleurs,
les sourires et les chants de la Vierge que
roulent les eaux, larmes divines qui tombent
en bénédiction sur l'onde, comme tombent
dans les prairies, attachés aux fleurs d'au-
tomne, les blancs fils du voile de la mère de
l'Enfant Jésus, blancs fils qu'elle donne toujours aux fleurs, comme à l'époque où, dans
l'humble maison de Nazareth, elle veillait sur
le Sauveur des hommes. La Vierge sourit et
chante à ses enfants, mais elle pleure aussi
sur les péchés du monde, et comme le vase
d'albâtre recueillit la myrrhe, la grande cré-
vasse d'Orthez, devant la *Frinestre dou Cape-
raas*, recueillit les larmes précieuses de la

[1] Entre le pont de Jurançon et celui du chemin de fer,
on voit encore les piles sur lesquelles étaient assises les arches.

72

Vierge blessée, larmes qui bouillonnent entre les roches afin de laver le sacrilége des temps de profanation religieuse. Quittant le Bigorre à Lestelle, les flots de la grand'source qui naît à Gavarni entrent dans le Béarn et baignent Bétharram [1].

[1] Le Gave de Pau, on le sait, prend sa source aux célèbres Cascades du Cirque, nées elles-mêmes au glacier du Marboré.

Pierre de Marca nous dit que la vallée de
Bétharram est citée au livre de Josué, et que
son nom signifie : Maison du Seigneur, du
Très-Haut. Sa parole mérite créance, car outre
les hautes situations qu'il occupa, il fut d'une
incontestable érudition, et, comme nous l'avons
vu, tient le premier rang parmi les historiens
du Béarn. Cet homme éclairé fut archevêque
de Toulouse, puis appelé par Louis XIV à
remplacer le cardinal de Retz comme archevêque de Paris ; mais la mort s'y opposa, et
les bulles de Rome n'arrivèrent qu'après son

décès. Les beaux esprits du temps lui décernèrent cette épitaphe plaisante et bien connue :

Ci gît Monseigneur de Marca
Que le roi sagement marqua
Pour prélat de son Église.
Mais la mort qui le remarqua,
Et qui se plaît à la surprise,
Tout aussitôt le démarqua.

D'après l'éclaircissement tiré du livre de Josué, il est croyable, puisqu'on ne saurait déterminer au juste le nom primitif de la Madone du vieux Béarn, que Gaston le Croisé, en mémoire d'avantages remportés dans la vallée de Palestine, aurait baptisé de son nom la Vierge, sur les pieds de laquelle, dévotement, il déposa un peu de terre du Saint-Sépulcre.

Pieusement vénérée par le Vicomte, qui lui attribuait ses victoires, elle fut aussi vénérée de ses sujets, la très antique Vierge (des Béarnais), apparue à d'innocents Pastrous et sortie miraculeuse d'un buisson ardent, nouvel Horeb. Éclatante et ne prenant pas noir visage,

comme elle le fit quelquefois dans ses révéla-
tions d'antan, elle fut bien là *l'Estelle* (l'étoile)
qui éclaira les sombres montagnes de Lourdes
et de Saint-Pé[1], l'Estelle que cherche dans les
cieux le montagnard égaré sur les sommets.
Elle fut surtout l'annonciation des grandes
apparitions de *Notre-Dame de l'Immaculée-
Conception.*

*⁂

C'est ainsi que la Vierge, *Étoile du matin,
Étoile du soir* sur les montagnes, *Vaisseau
insigne de dévotion* dans les mers, et en tout
lieu *Secours des chrétiens*, habite le beau Gave ;
Vierge aimable, légende mystique, mille fois
plus belle que toutes les légendes du Béarn.

[1] Saint-Pé, entre Lourdes et Lestelle ; à Saint-Pé on trouve
la clé en fer dite de Saint-Pierre.

76

Vision lumineuse, vers laquelle, dans les tempêtes de la vie comme dans celles des océans terrestres, l'homme pauvre pèlerin tend les bras, jetant ce cri de prière :

> *Mary, Mother of my soul,*
> *Let me to they bosom fly*
> *When the nearest water roll*
> *When the tempest still is high.*
> Marie, Mère de mon âme,
> Je me réfugie dans ton sein
> Quand les proches vagues m'environnent,
> Quand la tempête est dans sa plus grande fureur.

FIN

Toulouse. — Impr. Adolphe TRINCHANT, rue d'Aubuisson 27.

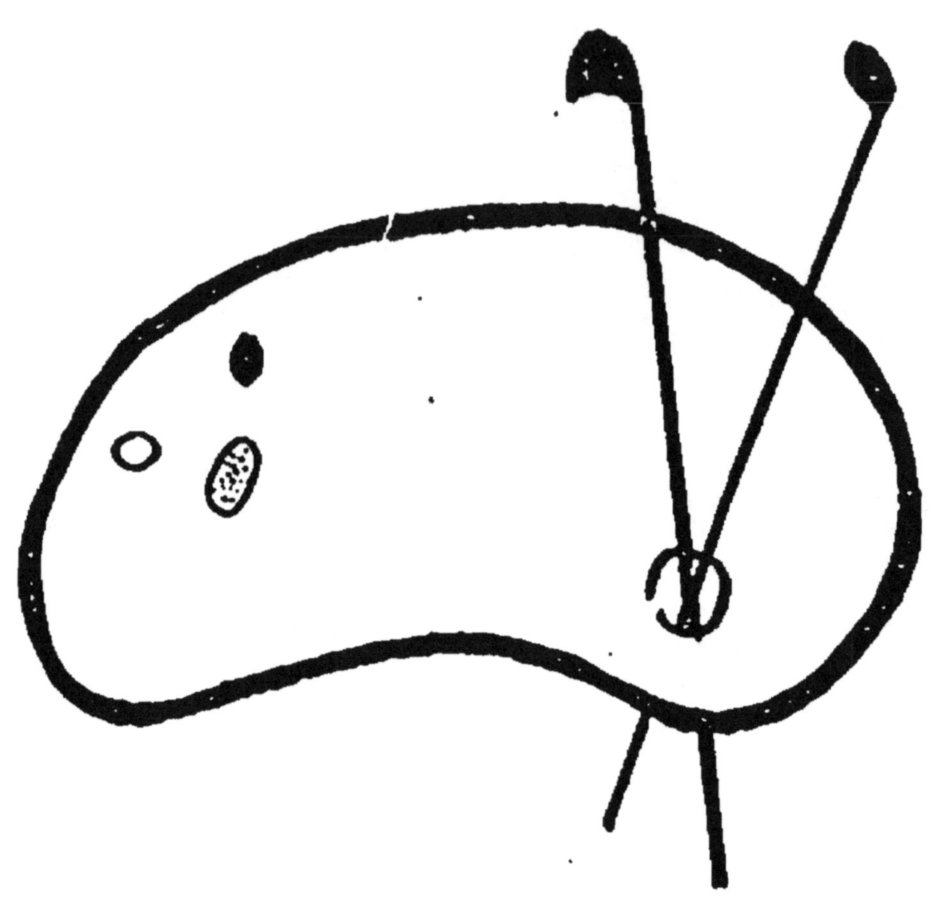

ORIGINAL EN COULEUR

NP Z 43-120-8